彩色香港

1940s-1960s

高添強
黎健強
著

目錄

一九四零至六零年代的香港

三年零八個月的苦難歲月，重創香港。淪陷前充滿活力的中國南方轉口港城市，戰後千瘡百孔。到了一九四五年八月日本投降時，戰前約一百六十萬的人口銳減至六十萬，數以十萬計的居民和難民病歿、餓死或遇害。受破壞的樓宇總計超過二萬座，整個城市面目全非。金融、工業生產、漁業、糧食、燃料，以至公共交通等，莫不百廢待興，而戰後人口劇增，令情況更趨嚴峻。

面對各項迫切問題，以夏慤少將為首的軍政府，採取了一系列過渡性措施，令香港社會逐步回復正常。自一九四六年起，經濟漸次復甦；一年後，對外貿易額已經超越戰前水平，因戰事而沉寂的港口重現繁忙景象。香港已完全從戰爭中復元，再次成為亞洲與歐美之間的主要轉口港。

一九四九年，中國內戰進入尾聲。香港立法局在數月之間通過了多項法案，包括《人口登記法》、《驅逐不良分子出境條例》、《公共秩序法例》、《社團登記條例》、《修訂一九二二年緊急法》等，其中後者規定「港督會同行政局，依據緊急法令所頒布的各種法令在與其他法律相抵觸時，可以凌駕其他法律」，意即必要時政府可以有法不依。這些法令或多或少造成當時社會不安的氣氛，隨後內地和香港邊境封鎖亦令居民與內地產生前所未有的隔離感。

不過對一般市民來說，更大考驗接踵而至，香港轉口港的業務再因戰爭戛然而止。

一九五零年六月韓戰爆發。同年年底，美國宣布對中國實行貿易禁運；半年後，聯合國亦執行同樣措施。港府加強進出口管制，貿易自此一落千丈。對外貿易不振使香港的金融、保險、航運等行業呈現不景，工商企業紛紛倒閉，失業人數驟升，社會秩序亦變得不穩。

困境迫使香港必須尋找出路。香港很快走上出口工業的道路，商人和工業家以勞動密集的紡織、成衣等輕工業為先驅，充分運用來自上海等內地城市的資金和人力，積極開拓歐美市場。要注意的是，以輕工業為重點的新發展，並非由政府大力推動促成。當時官方的態度仍是把香港定位為貿易港，當局既沒有準備以工業發展引領香港走向現代化，也沒有通盤計劃協助工業。事實上政府擁抱的是不干預主義，對一些配合工業發展的基本措施，如加強普及教育或中學分流以培訓工商界所需的人才等，一概付諸闕如。

到了一九五零年代末，製造業產品出口在本地出口總值中首次超越轉口貿易，這清楚表明香港已從轉口港轉化為工業城市，維多利亞港再度成為世界最繁忙的港口之一。這段時期一方面是香港經濟發展的關鍵年代；另一方面，東南亞其他地區大都經歷政治動盪，此消彼長，香港在國際上的競爭力得以加強。

香港的出口輕工業以勞工密集為主，例如紡織品和塑膠製品。這些產品雖然質量普通，惟因價格非常低廉，在世界貿易的低檔市場中有很大的競爭力。當時的工廠規模大都非常細小，佔地不足一千平方呎、僱用十數工人的「山寨廠」比比皆是。

這類小型工廠，可說沒有任何現代工業生產模式的影子，反而更像很多新移民家鄉的手作坊，對工人來說，適應上也因而沒有太大困難。在觀塘、新蒲崗、葵涌等工業區於一九六零年代中期出現以前，大多數工廠都位於民居之中，工人往往就在住宅旁、行人路上或橫街窄巷中工作，自然很快便與附近的居民打成一片。除工廠生產外，外發工亦非常普遍，一家大小往往在狹小的居室埋頭苦幹。

一九五零及六零年代的香港，其實是一個存在於市區的農業社會，整體來說社會沒有秩序，居民粗獷、普遍教育程度不高、貧困卻守望相助。上百萬的居民，從家鄉來到香港，與陌生人一起在木屋或石屎森林中工作、生活，賺取微薄的工資養活自己和家人。他們不再務農，然而很多人的思想上仍離不開舊日的農村生活——雖然他們已成為工業社會的一分子。

製造業迅速發展，帶動了地產、建築及金融業。從一九六零到一九六九年的十年間，本地生產總值平均每年增長百分之十三點六。及至一九六九年，人均總產值達到四千七百五十七元，排名於當時發展中國家和地區的前列。

表面看來，這些數字確實使人振奮，然而背後卻是另一番景象。不論在勞工法例、居住、醫療、衛生、教育等範疇，香港均遠遠落後於其他已有一定基礎的工業化地區，貪污猖獗更令市民生活百上加斤。

香港在一九六零年代已轉型為工業城市，可是聊勝於無的《勞工法例》根本說不上對工人有任何保障，即使簡單如欠薪、解僱之類的勞資糾紛也無法在法律層面解決，一般工人亦不知道如何申訴或怎樣向資方爭取權益。香港的工人運動雖發展得很早，不過在一九七零年代以前，工會政治掛帥，並非主力為工人謀福祉，而籌組的活動大都為彰顯其政治立場；相比之下，為勞工階層爭取權益只屬次要，結果是當遇到不公平對待時，工人往往申訴無門。

香港市區的人口密度非常高，以一九六零年代初來說，每平方英哩的人口已逾二十萬，甚至遠超以人口稠密見稱的印度德里（同時期當地每平方英哩的人口還不到十四萬）。根據一九六一年人口調查結果，在三百一十多萬人口中，約一百萬市民的居住環境惡劣，其中超過一半（五十一點一萬人）居於木屋；十四萬人居於床位；六點九萬人居於騎樓或閣仔（cocklofts）；五點六萬人居於天台；五萬人居於店舖、車房或樓梯底；二萬人於街頭露宿；一點二萬人居於地牢，還有一萬人居於攤檔及洞穴（stalls and caves，後者可能指岩石間的罅隙）。這些數字尚未包括艇戶、棚戶，以及人均面積只有二十四平方呎，設施異常簡陋的徙置區人口。

即使租住私人樓宇的房間，情況也好不了多少。舊式戰前樓宇的房東（或二房東）一般把樓層分租，一層樓宇的住客數目往往高達數十人，「一家八口一張床」便是當時的寫照。很多家庭甚至連屬於個人的床位也沒有，需以輪流方式使用床鋪。部分位於市區中心地段，如灣仔的樓宇，房東為求多收租金，特製的「碌架床」可高達六層。廁所一般每層只有一格，而且大都沒有抽水馬桶，晚上由「夜香」工人處理穢物。還有廚炊設施都是公用，以致不少住戶寧可在床邊甚至床上煮食以避免爭執。又因當時使用的爐具大都是以木柴為燃料，到了燒飯時間，室內空氣便異常混濁，至於垃圾的處理更是一大難題。在擠迫及惡劣環境下生活，加上活動空間狹小，一些小事如取水、爭用廁所、小孩哭鬧等，很容易引發鄰里間的衝突，甚至打架。

醫療方面，直到一九六零年代後期，香港最大的威脅是肺結核（肺癆），部分國際調查甚至提出，以人口比例來說，香港的肺結核發病率為全球最高。直到一九六零年代中期，每年仍錄得一點二至一點三萬宗的新病例，這還未包括大量沒有向官方醫療機構呈報的個案。專家估計香港的成年人口中，高達百分之二的居民需要接受肺結核治療。在各類傳染病中，肺結核的死亡率最高，以一九六三年為例，因傳染病去世的市民佔整體死亡人數百分之十二點八，當中百分之八點九為肺結核病人。

香港極度惡劣及擠迫的居住環境成為肺結核的溫床，此外如營養不良、隨地吐痰、吸毒、沒有使用公筷習慣等，均使情況進一步惡化。對很多低下層的病人來說，他們面對的壓力不單來自疾病本身，還有其他人甚至家人的歧視，很多病者更害怕因此失掉工作。事實上，不少中下層家庭的貧窮原因之一，便是因有工作人口感染肺結核而無法工作。

除了肺結核外，一九五零至六零年代流行的疾病還有白喉、傷寒、小兒麻痺症、麻疹、水痘、痢疾、霍亂、瘧疾，以及性病等。整體來說，香港雖然沒有饑饉問題，不過在一些貧窮社區，由於部分家庭的收入仍不足餬口，小童營養不良的情況並不罕見。外國志願機構經常在較多低下層學童就讀的學校派發奶粉、麵粉、煉奶、芝士之類的救濟包。其實對很多中下層的兒童來說，他們並不知道芝士是何物，因而鬧出把芝士當肥皂洗澡的笑話。此外，也有很多家長收到救濟包後，隨即變賣以求得到一點額外收入。

教育方面，香港的文盲率到了一九六零年代已下降。一九六一年人口調查顯示，報稱受過教育的人口佔百分之七十五，其中男性為百分之九十一，女性為百分之五十八。與以往相比，絕大部分的適齡兒童都有入學機會，惟其中不少未待畢業便輟學工作，尤以女童為甚；至於水上居民的子弟，與過往一樣，大部分仍無法上學。

一九五零及六零年代，政府的教育重點在於擴展小學，中學雖然增加了三數所官立學校和其他的補助及津貼學校，但總數仍遠低於小學。私立中學因此乘時興起，當中大部分意在牟利。隨著小學畢業生人數持續上升，官、津、補的中學卻沒有相應增加，公私校人數的差距因而越來越大。以一九六六年為例，私立中學學生共十三萬人，官、津、補則只有五萬，而當時的適齡人口（十二至十六歲）總數約為四十二萬，表示即使包括公私校在內，在學的中學生只有約四成，其中能完成課程的則更少。由於大部分中學屬私校，對很多家長來說上中學的負擔相當沉重，不少中下層甚至中層的家長都無法送子女入讀。事實上，當時政府雖然視小學教育為基本權利，卻或多或少把中學教育看作一種奢侈品而不是基本需要，因此無意擴展中學教育，當然財政考慮亦是重要因素。

直到廉政公署成立為止，與不少地區一樣，香港曾是貪污的溫床。不論政府內外，貪污風氣十分嚴重，甚至成為揮之不去的社會病毒。有貪污的高級警務人員更毫不諱言，「收規」是生活中的一環，就像早上起床，晚上睡覺那樣自然。當時集團式貪污在警界最為猖獗，其他政府機構特別是提供公共服務的，如市政、醫務、房屋、消防、出入境、勞工、運輸、監獄，乃至郵政等部門，也同樣涉及集團式貪污，因而有學者把情況形容為「整個香港是在拿回扣的基礎上運轉」。由於政府沒有嚴懲，貪污之風到了一九六零年代達到氾濫的地步，不單導致社會風氣敗壞，嚴重削弱公眾對政府的信心，也影響了法律和公共決策的執行。

表面上，一九六零年代的香港看似一個璀璨且生命力煥發的殖民地。隨著小說和電影版的《生死戀》及《蘇絲黃的世界》大賣，香港成為全球，至少是歐美國家無人不知的東西方交匯點。不過在看似繁華的背後，緊張的社會氛圍已經到了臨界點。香港於一九六六及六七年因不同原因爆發大規模動亂；諷刺的是，動亂迫使市民在中國和香港之間作選擇，結果大多數市民認同殖民地政府，並前所未有地視自己為一個特殊群體的成員——香港人。

本書的圖片主要是由旅客、訪港軍人、駐港英軍、傳教士，又或作品以旅客為對象的商業攝影師拍攝得來，內容或許未能全面反映香港一九五零及六零年代的社會狀況，不過編者仍希望藉著這些珍貴影像，喚起讀者對香港這段轉折時期的發展的興趣，從而進一步理解我們上一代面對的社會環境和問題。

香港過去五十年來的變化，實在令人驚嘆。

高添強

彩色新香港

第二次世界大戰和日本人佔據的三年零八個月是香港歷史上十分重要的分水嶺：和平之後，香港無論在社會、經濟、民生等各方面都發展出與戰前很不相同的方向。因此，許多關於香港的研究，基本上都是從戰後開始探討的。有趣的是，這期間的香港景物攝影圖像也開始進入了直接彩色的年代[1]：戰前的香港照片不是黑白單色，就是人工上色，從顏色上來說難以令人完全相信；直接彩色的攝影圖像那時並非沒有，但僅屬寥寥少數。總括而言，我們今天所認識的彩色香港攝影圖像，大致上都是從戰後開始；剛巧這是香港歷史新時期的開端，故此這些添上了直接彩色的香港景物，看上去都有種朝氣蓬勃、煥然一新的感覺。

承高添強兄的邀請，筆者在這裡嘗試從香港圖像和攝影歷史的角度，閱讀本書所編收的各幅戰後香港彩色攝影圖像。首先筆者會闡述攝影術發明和傳入香港的經過，以及它融合早期畫像而建立香港主流公共圖像傳統的歷程。基於技術上的原因，初期的照片都是單色黑白，不能滿足顧客對彩色圖像的要求；本文第二部分就介紹了十九世紀以來人工塗色照片的狀況，和後來直接彩色攝影術和彩色印刷法出現後所產生的變化。在最後的部分，會再從公共圖像的傳統出發，初步探討書中三組照片的題材、內容和風格。

攝影術的傳入　公共圖像的傳統

攝影術在一八三九年八月正式在法國巴黎問世，當時的中國正值是清朝政府與英國人在廣東省沿岸因為鴉片走私的問題而鬧得劍拔弩張。不久，中英雙方就爆發了第一次鴉片戰爭，清朝戰敗被迫在一八四二年八月簽訂了《南京條約》（一八四三年六月確認），條款包括割讓香港予英國為殖民地。世界事件本來就是充斥著莫名其妙的偶然：在歐洲工業革命和帝國主義擴張的大趨勢下，攝影和今天我們所說的香港，幾乎是同時間地攜手開展它們的歷史步伐。

有關香港景物的圖像，在此之前都已經出現了一些。它們主要是十九世紀初中期途經此海域的外國使團、旅客和軍士的繪畫，當中以一八一六年英國畫家哈維（William Havell）繪製的香港仔瀑布圖和法國畫家波塞爾（Auguste Borget）在一八三九年數幅風物畫較為後世所熟悉。雖然這些畫作的數量不多，但也為本地留下了最早的一批圖像資料，以及顯示了歐洲人士對於這塊中國土地的點滴印象。

香港島成為英國的殖民地後，以往居住於澳門的英國人和其他外國人士陸續遷來聚居在香港島的北岸，令它成為了一個新興的港口城市。這樣的發展不久就吸引了幾位也是來自歐美的遊方商業攝影師的注意，他們先後登岸在中環皇后大道附近設立照相館，嘗試招攬生意。就是這樣，攝影術在香港的政治、經濟和社會環境轉變的影響下傳入。目前我們找到的最早記錄是一八四五年三月，距離攝影術發明和香港開埠，都只是短短的幾年時間而已。

雖然如此，港英政府管治的最初十五、六年間的香港攝影圖像，至今來說卻基本上是一片空白，沒有任何照片能夠確證是屬於這個時期的。歷史學者估計的主要原因，包括早期香港經濟差、顧客少，商業攝影師們經營不易。他們的服務基本上是人像攝影，而且使用的達蓋爾版照相法成本昂貴，物料補充有限，故此不會輕易或者無緣無故地拍攝景物。因此，一直到第二次鴉片戰爭的前夕（一八五八年），香港的景物照片才慢慢出現。這時的攝影物料已經改用了較為低價，而且可以複製的濕版方法（玻璃底片裡的負像印曬在蛋白相紙上成為正像）。另一方面，歐美人士對觀看內地和香港的題材也提升了些興趣，令香港景物照片成為了可以賺錢的商品。因為這些種種的變化，香港初期的圖像歷史，就漸漸由繪畫進入照片時期了。

最先在香港從事商業攝影的，都是乘船遠行至此的歐美籍人士，當中最著名的無疑就是蘇格蘭人耽臣（John Thomson），他所拍攝的香港照片和其後回英國後出版的四大圖冊《中國及其人民》，至今仍是關於十九世紀中國和香港的非常珍貴的影像記錄。一八六零年代以來香港的貿易經濟愈趨繁榮，照相館受惠也成為了很賺錢的行業，於是就吸引了本地華人的興趣，各自從外籍攝影師處學會技術後創業。到了一八七零年代中葉，華人照相館大致上已經取代洋人而主導了香港的攝影業，其中較為後世知悉的華人照相館，有華芳、璸綸、宜昌、時泰等幾家。

儘管如此，這時期香港的照相館顧客，主要還是居留於此或到此旅遊的外籍人士。為了迎合他們的消費，無論本地照相館還是歐美攝影師所製作的香港景物照片，不外乎都是一些讚美西方建設於此的先進偉大成就（最典型的是中環的西式建築物）和將內地與香港的地及人視為落後民族的樣本圖像（上環擠迫的華人區、貧窮的水上居民、殘酷野蠻的刑罰、原始的交通工具，如轎子和人力車等），即是今天文化學者所稱的「東方主義」。久而久之，這些本來是包含著偏頗意識兼自我歧視的題材和風格，就牢固地變成了香港的視像文化傳統，或者是我們的公共圖像。

黑白、手上色、直接彩色

起先這些黑白照片是以單張或照片冊的形式出售，小部分會因應顧客的要求而用人手塗抹點顏色。到了十九世紀末至二十世紀初，隨著世界郵遞服務的迅速發展和印刷技術的改進，它們於是搖身變為大批大批地複製生產的明信片。這樣的發展，結果之一是令香港的公共圖像傳統更為廣泛流傳和深入民心。至於這些圖像的顏色化過程，在二戰之前曾經發生過好幾種模式，但總而言之都說不上貼近真實。

原來攝影術自發明以來，主要的感光劑都是滷化銀。只是這些銀鹽雖然能夠記錄光線的深淺明暗，產生黑白照片，卻不能表現被攝人或物的各種色素。對於希望要有顏色照片而又願意花多一點錢的顧客，有些照相館就聘用了畫工，專門在照片上進行填色。這種人手繪畫的服務，一直維持至戰後仍未被淘汰。筆者的家中就仍然保存有這種照片，是雙親在一九五零年代初期未結婚時，各自幫襯兩家香港的照相館攝製和加工而成。

明信片方面，簡單來說有平版印刷和照片曬印兩種生產類型。根據佟寶銘所撰的〈香港明信片的發展〉一文[2]，平版的石印單色明信片大約出現於一八九八年，兩年後開始有塗彩的石印明信片（流行至一九三五年左右），也是用人手將水彩顏料填在單色的石印明信片上而成，規律是樹木草地塗上綠色，光管招牌等為紅色。一般而言這些塗彩明信片色彩清淡，而且因為「受人為因素影響，色調難以統一」。

一九零五至一九一五年間再出現「前期」的彩色明信片，是彩色石印技術發明後的產品，然而「效果非常生硬，和天然原色格格不入……景象十分粗濫、模糊不清。」此後中斷約四十年，至戰後的一九五零年代才再有「後期」的彩色明信片出現，採用新的照相製版和三原色分色技術來製版生產，但水準也比較參差。直到一九六零年代，彩色明信片的印刷效果才漸漸變得穩定逼真起來。

用攝影的黑白底片直接曬印在相紙之上的「相片明信片」，則最早見於一九零六年。這時的攝影科技已進入乾片時期，底片是醋酸纖維的「菲林」，至於相紙也轉為厚紙基的而非薄薄的蛋白紙了。相片明信片在一九二零年代開始商業化，起先也是全部單色；在戰後的一九五零年代，有顏色的相片明信片也一度流行了約十年，這也是以人手將顏料塗在相紙之上，佟寶銘說它們的顏色「非常鮮艷，有點近乎誇張，例如在人的臉上塗上鮮黃色等。」隨著上一段所述的「後期」彩色明信片的印刷技術突飛猛進，包括生產的數量和速度、成本效益、色彩的像真程度等，相片明信片在一九六零年代初就逐漸沒落了。

綜合前面各段所述，就是第二次世界大戰前香港的照片圖像，無論是沖曬的照片或是印刷的明信片，基本上都是黑白單色的。彩色的圖像並非完全沒有，但不是人工上色的就是效果低劣，距離準確逼真的程度極遠。這樣的情況，一直要到一九六零年代彩色印刷技術開始完善後才改變過來。

本書選輯的一百四十多幅彩色香港攝影圖像，偏偏卻是第二次世界大戰之後最初二十多年間的香港生活景貌，而且還是用依據原本顏色來複製的直接彩色攝影科技所產生的影像。可以說，它們屬於香港最早的一批高度存真的彩色攝影圖像，為那個時代的香港留下了特別珍貴的視像資料。

究竟是甚麼回事？這就要從直接彩色攝影術的歷史說起。簡單來說，由於未發現有與人類的色彩視覺感受相近的感光物料，攝影術發明時只能生產出黑白的照片。經過多番試驗失敗之後，科學家終於決定另覓蹊徑。明白了我們日常所看到的五彩十色其實是可以通過紅、綠、藍三種顏色的光波組合而成的原理之後，蘇格蘭科學家麥斯威爾（James Clerk Maxwell）在一八六一年命助手先用紅色、綠色和藍色的三塊濾鏡置於照相機的鏡頭前拍攝了同一景物的三張玻璃底片，經過沖洗處理後放置入三台放映機裡，再各自在前置上三塊相同的原色濾鏡；再將三台放映機投射出的影像整合，就成了直接彩色攝影歷史上第一個成功的作品。是的，那是一個用光線投射而成的影像，不是印曬在紙上的照片。

麥斯威爾的實驗成功之後，再經過多位發明家多次改良，至一九三零年代，美國的柯達公司和德國的愛克發公司先後推出了可以直接產生彩色影像的菲林。值得注意的是，當時拍攝沖洗後所得的，也還是需要投影的透明幻燈片。至於印曬的直接彩色照片和彩色印刷的技術，在世界大戰的影響之下要到一九五零年前後才製成了第一代的產品。及後又是不斷的試驗與改進，一直到一九六零年代，直接彩色的照片和彩色印刷才正式流行普及起來。

換言之，直接彩色攝影的透明幻燈片出現在彩色照片和彩色印刷技術完善之前，本書展示的影像就是用這些當時最先進的攝影科技產品拍攝而成的。

關於這些彩色幻燈片的作者，有一點值得稍為再作補充。彩色幻燈片問世的初期，由於價格昂貴，加上習慣拍攝黑白的商業攝影師對之未有足夠把握，市場也尚未出現，故此沒有甚麼人使用。今天我們可以找到的一九三零年代香港的彩色幻燈片少之又少，也許就是這個道理。從我們搜集得到的圖像來看，戰後初中期的彩色幻燈片使用者，主要都是業餘的用家，有可能是外國來的教士、官員、軍士以至遊客。一來出於個人興趣，二來沒有對市場需要的考慮，在這些業餘攝影者鏡頭下之香港，間中會有些商業明信片以外的內容，令後世對於那時候的香港多了一點認識。

新舊景物　生活點滴

我們根據題材的種類和內容，將本書刊載的照片分為三個組別。首先的「彩色舊貌」是第二次世界大戰之前已有的香港景物，有些更是長期熱門的拍攝目標，例如山頂纜車、淺水灣酒店及沙灘、尖沙咀鐘樓和火車總站等等，部分的鏡頭取景與角度甚至是眼熟能詳的了。雖然如此，由於這些圖像是使用直接彩色的感光物料拍攝沖洗而成，於是就為這些景物提供了最近真的當時顏色。相比於之前人工塗染顏色的圖像，這些攝影作品顯示的事物知識無疑更為詳細和可信。

第二組別的「城市新觀」就是在一九五零和六零年代才出現的香港新景物。大型而密集的住宅樓宇與工商業區、齊全而頻繁的海陸空交通設施，以及現代主義式的建築風格等，可以說是這些新景物的表徵。筆者的母親也是在這個年代初期從廣東省西南的鄉鎮新會移居香港的，當時這些城市摩登的面貌為她帶來了非常震撼而深刻的記憶。從攝影風格上來說，這些影像基本上是沿著西方人在旅遊亞洲時的一貫獵奇取態，故此很容易就與前述的香港公共圖像融合而成為傳統。但是即使在今天我們觀看這些影像時，那種新時代的感覺仍然非常強烈。

風俗人情也是外國人旅遊香港時的另一種熱門題材，我們從中挑選了有代表性的和較為少見的，結合成為最後一個組別「生活點滴」。以時代為軸的舊照片集本來不應該進行社會學式的層類分析，然而我們總希望能夠藉著這些照片，流露出一點一滴那時候在這個地方經過的人們的平常狀況與足跡。物換星移，本書封面上那位站在尖沙咀北京道的體育用品店前的少女，燙了露耳短髮，身穿紅色旗袍配紅色鞋子，笑得比臉上的陽光還要燦爛，這些年來她過得還不錯嗎？

黎健強

1 就是直接通過光源本身的顏色波幅，以工業科技來生產攝影圖像，而不再是在此之前要用人工塗染的方式。有關的技術和發展的歷史，本文後面部分會有簡撮的記述。

2 載鄭寶鴻等編著，《香港明信片精選 1940's-1970's》，香港三聯書店，一九九八年，頁十七至十九。

第二次世界大戰之前已有的香港景物，有些更是長期熱門的拍攝目標，例如山頂纜車、淺水灣酒店及沙灘、尖沙咀鐘樓和火車總站等等，部分的鏡頭取景與角度甚至是眼熟能詳的了。

彩色舊貌

一九四六至一九四七年間的香港仔大道，由一名在港度假的美軍拍攝。

當時離二次大戰結束不到兩年，畫面卻沒有一點戰爭的痕跡。一方面香港仔於大戰期間並沒有像市區其他地方，如灣仔、中區及紅磡等遭受盟軍空襲；另一方面，香港戰後的重建工作相比其他亞洲地區相對快速，到了一九四六年上半年，香港整體經濟已恢復到一定水平，貿易漸復常態。

約一九四八年香港仔避風塘

戰前「香港八景」之一，
富有詩情畫意的「鴨洲帆影」，
再次成為訪港旅客或軍人的「景點」。
本幻燈片（和頁二十六至二十八，共四幅）
為現在所知，最早的香港題材直接彩色
（非塗色）商業幻燈片。

約一九四八年的中環海旁

自中環填海工程於二十世紀初完成後，近半個世紀以來中環的外貌並沒有重大改變，戰爭亦沒有帶來大量破壞。

約一九四八年從半山馬己仙峽道纜車沿線俯瞰中區一帶，當時滙豐銀行大廈仍是全港最高的建築物。

一九五零年，位於滙豐銀行大廈旁、樓高十七層的中國銀行大廈落成。二次大戰結束後，隨著政治和社會環境的改變，一些對華人活動的限制和歧視，如不能乘坐纜頭等、不可進入香港會等終被撤銷，殖民地的色彩開始一點點淡化。

約一九四八年的淺水灣

戰前曾被形容為「水天一色，波濤浩渺」的淺水灣，日軍侵港期間經歷了一段悲愴的歷史。及至淪陷，蜚聲文壇的女作家蕭紅不幸在港病逝，部分骨灰卜葬淺水灣海濱，至一九五七年才遷葬廣州。

淺水灣原來相對狹長，從一九七零年代起，政府多次在淺水灣增鋪沙土，海岸總面積自此大幅增加。

一九五五年兩名在港度假的軍人在導遊陪同下遊覽淺水灣

因擔心酒店服務水平不足而令遊客留下不良印象，加上直到一九五零年代中期，不論港府又或商界根本沒有任何發展旅遊業的長遠計劃，因此當時訪港的外地旅客不外乎商人和來港度假的軍人（以美軍為主）。到一九五七年，香港才成立半官方的旅遊協會推廣旅遊業。

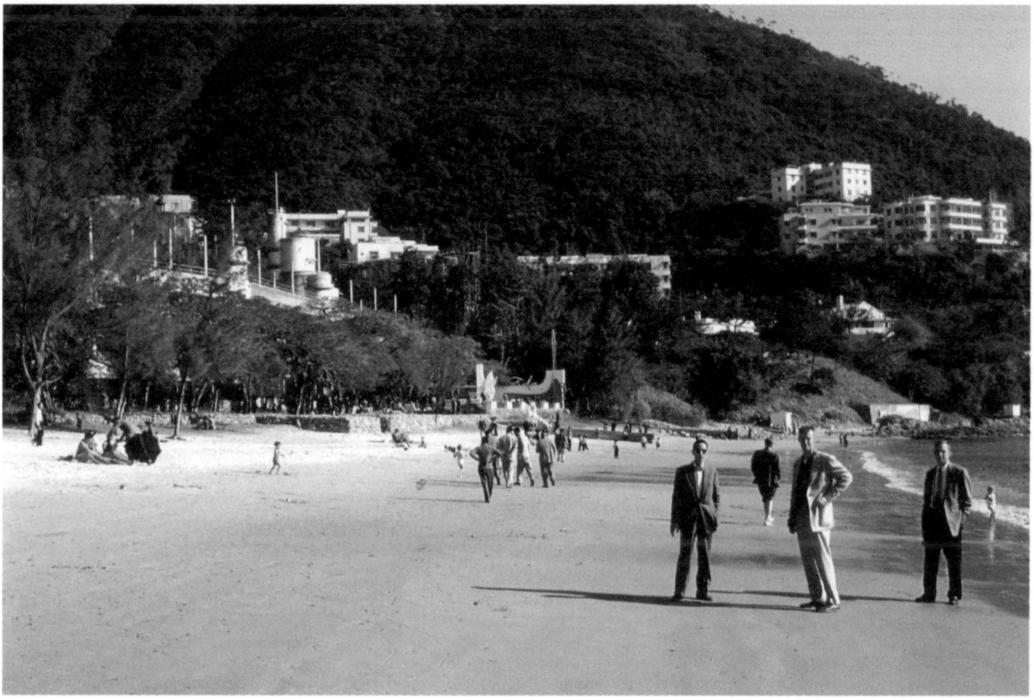

一九五三年的海港

圖中可見一艘剛從中環開出的天星小輪。當時每天平均約有九萬人乘坐天星小輪渡海，另約有二十萬名乘客使用油蔴地小輪的港內服務。

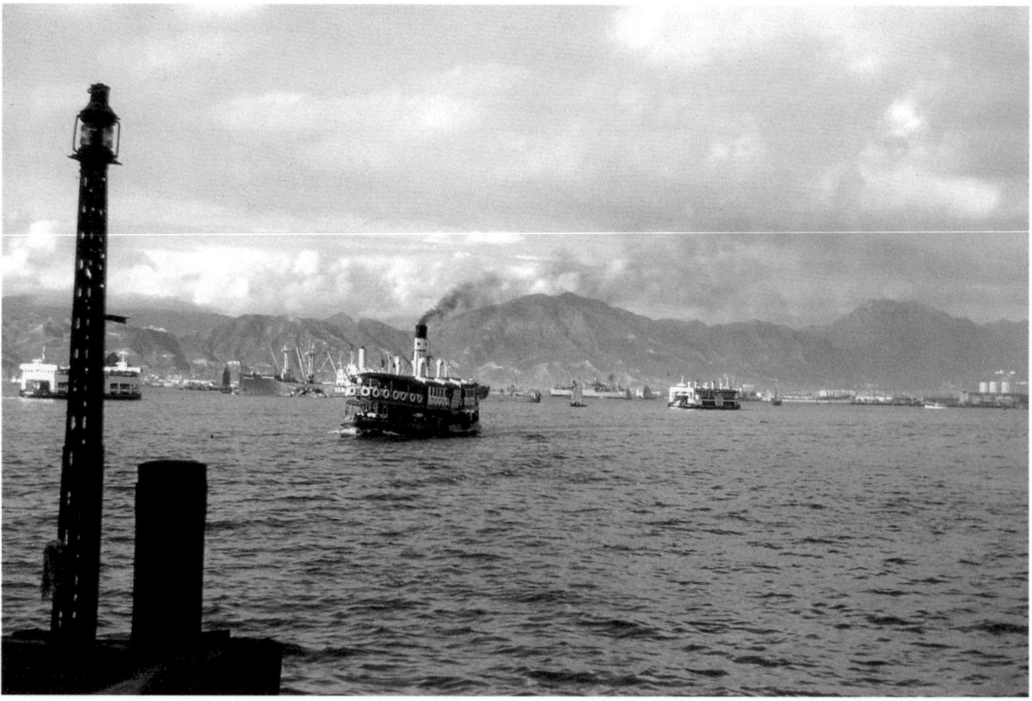

一九五三年從海港眺望九龍尖沙咀一帶

一艘舊式帆船徐徐駛過，當時半島酒店仍為九龍半島最高的建築物。

約一九五五年的灣仔海旁

告士打道尚未築成，遠處的紅磚大廈即為今天伊利莎伯大廈所在地。一九六零年以前，由於通往中環的交通受金鐘一帶的軍營及海軍船塢所阻，灣仔的商業發展較慢。

約一九五五年中區海旁舊貌最後一瞥

左端為皇后行，近中央處可見郵政總局大樓。其後數年間，隨著中區填海工程完成、新碼頭及建築相繼落成，中區外貌開始出現重大的改變。

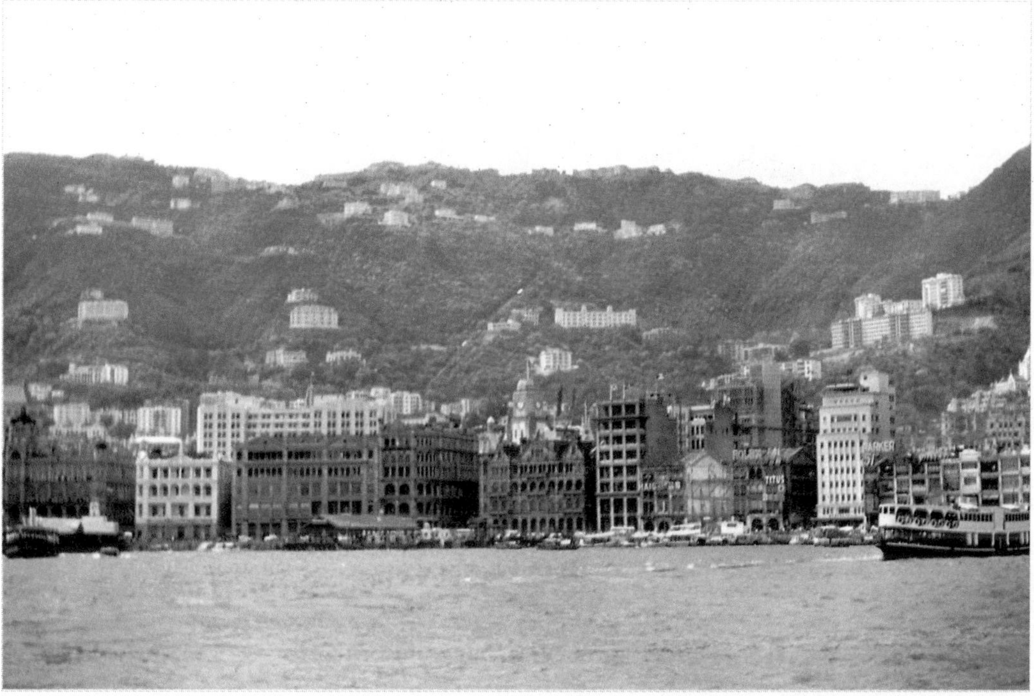

一九五六年從半山區俯瞰金鐘一帶的軍營及海軍船塢

右下方的軍事建築大部分屬域多利軍營。自一九五零年代以來，雖然英國政府一直面對減省海外支出的問題，惟要到一九七九年才與港府達成防衛開支協議，把域多利軍營交還港府，軍營其後建成太古廣場及香港公園。

一九五六年從半山區遠眺灣仔

右上方的工地為已幾乎剷平的摩利臣山

一九五六年的港島西南一角

左方的岬角為雞籠環，即今天華富邨所在地，置富花園其後建於本圖中央的山地上。二十世紀初港府曾開闢雞籠環為華人墳場；戰後，由於市區土地不足，政府遂把位於市區的非宗教墳場遷至新界的沙嶺及和合石兩地。除雞籠環外，遷走還有位於其他地區，如何文田、老虎岩（今樂富）、馬頭圍、秀茂坪等地的墓穴。

一九五三年從高空遠眺港島南部一帶

近處為鶴咀半島，中央可見赤柱監獄。以設施和地理環境來說，一九三七年初落成的赤柱監獄可算是亞洲地區首屆一指的大型綜合監獄。

一九五三年啟德機場碼頭

此碼頭為供乘坐飛艇或水上飛機抵港旅客上岸之用。遠處可見一架剛在港內降落的美軍飛艇。韓戰期間（一九五零至五三年），香港成為聯合國軍的後勤基地之一，大量英美的軍事人員、軍機及軍艦進出香港。

XX2138

一九五五年的啟德機場

重建前的啟德機場設施，如機庫、候機室及導航設備等非常簡陋，跑道短小，新興的噴射客機根本無法升降。機場附近群山環抱，除緊急情況外，啟德機場並未具備夜間升降功能。

隨著戰後航空技術的發展及各國對航空運輸的重視，港府於一九五五年開始擴建機場，其中最主要工程是興建伸出九龍灣的新跑道。機場擴建工程兩年後完成，香港從此進入「噴射時代」。

一九五三年啟德機場旁的樓房及巴士總站

畫面前方的空地於二次大戰前原屬啟德濱旁的新發展住宅區，開闢的道路包括宋街、帝街、昺街及青龍街，惟大戰期間日軍因擴建機場，把啟德濱及附近的樓房及街道悉數強行拆卸剷平，而位於太子道另一邊的樓宇卻逃過清拆的厄運。大半個世紀以來，這些建於一九二零年代的低矮樓房成為九龍城地標之一。

一九五零年代後期啟德機場停機坪

圖中可見一架螺旋槳客機正在跑道滑行準備升空，左方可見相當原始的機場控制塔。

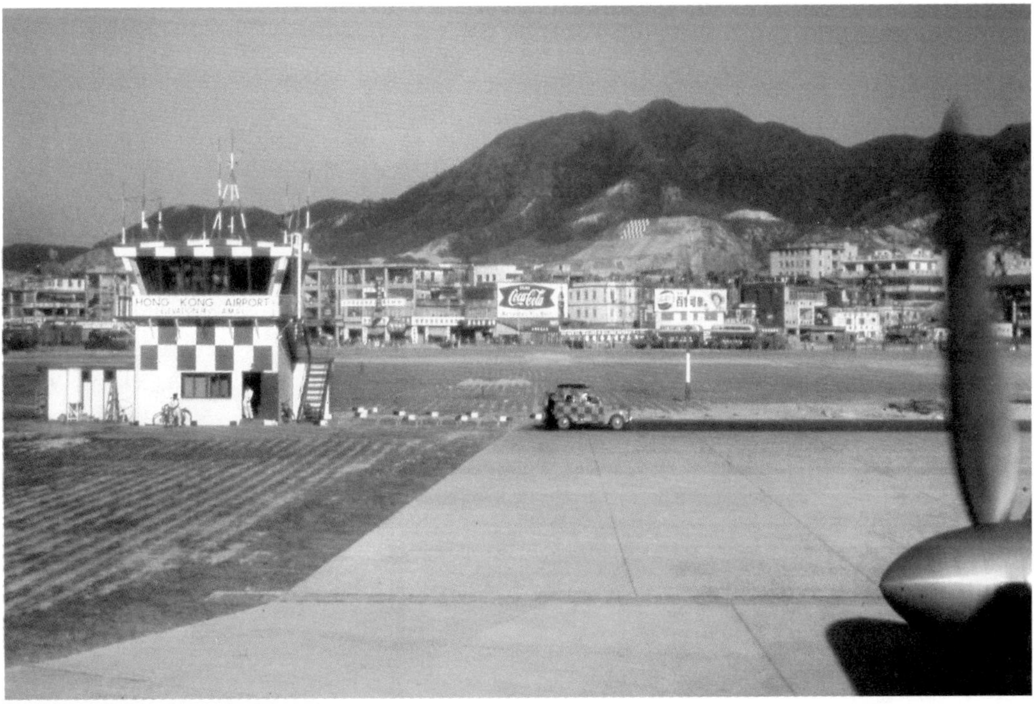

一九五五年半島酒店前的梳士巴利道

遠方為藍煙囪貨倉碼頭（太古倉碼頭）。一九五零年代初聯合國對華實行貿易禁運以前，中國內地一直是香港最主要的轉口貿易市場，禁運使香港轉口貿易銳減，貨倉業亦因而漸漸式微，藍煙囪貨倉碼頭亦於一九七零年代改建為商場和酒店。

一九五零年代末九龍倉前的商店，該地重建後成為星光行。

一九六零年代以前，除半島酒店外，尖沙咀並沒有很多吸引遊客的設施，店鋪的外籍顧客主要以駐港及訪港的軍人及其家屬為主。及至一九六零年代，隨著星光行、海運大廈及一些設有現代設施的酒店相繼落成，尖沙咀才漸漸成為遊客區。

一九五零年代末的尖沙咀火車站及鐘樓

一九一六年落成的尖沙咀火車站大樓，曾是全球最重要鐵路的終站，從該站開出的列車，可於途中接駁其他列車前往中國北方乃至歐洲。以紅磚及麻石建造的車站大樓自落成後一直是九龍半島的地標。

約一九六零年的尖沙咀訊號山（俗稱大包米）及時球台

一九零七至一九三三年間，時球每天下午一時都會由桅杆降下，作為報時訊號，以協助停泊港內的船隻核對船上的時計。及至一九三三年，由於改用無線電報，時球才被取代。注意對岸銅鑼灣至北角一帶，除一些高樓外，山上隱約可見密密麻麻的寮屋。

一九六零年中環的最高法院，門前還是免費停車場。

一九一二年法院落成時，首席按察司皮葛(Sir Francis Taylor Piggott) 表示即使他日維多利亞城不復存在，海港被淤泥壅塞，香港會所坍塌湮沒，該座大樓仍將如金字塔般巍然矗立，為遠東的睿智留下見證（原文是：When Victoria has ceased to be city, when the habour has silted up, when even the Hong Kong Club has crumbled away, this building will remain like a pyramid to commemorate the genius of the Far East)。這位按察司可謂有先見之明，大樓外部於一九八四年被宣布為法定古蹟，位於其旁的香港會卻早於三年前已被拆卸重建。大戰期間，法院曾給臭名昭著的日軍憲兵隊徵用為總部。

一九六九年的中環和平紀念碑，後方是一八九七年落成的香港會大廈。

和平紀念碑建於一九二三年，設計與倫敦白廳旁的一座相同。原是為紀念於歐戰（一九一四至一八年）中殉難的英籍軍人而建，及至一九七零年代，紀念碑旁加上「英魂不朽」及「浩氣長存」的中文字樣。二零一三年，位處中環黃金地段的和平紀念碑成為法定古蹟。

一九五九年一對美籍遊客攝於淺水灣酒店前

這座別致的英式酒店由香港大酒店公司投資及興建，自一九二零年開業以來即深受顧客歡迎。淺水灣曾被喻為「東方夏威夷」，一九四一年香港保衛戰期間，酒店及附近一帶成為戰場，守軍以酒店為據點，作出頑強抵抗，經過幾近三天的戰鬥，日軍才攻克酒店。酒店其後於一九八二年拆卸重建。

一九五五年從淺水灣酒店遠眺余東旋別墅

二次大戰前，由於《山頂區保留條例》限制華人居於山頂，一些富有華人遂於港島其他地區，包括半山區及南部興建房屋或別墅。余東旋別墅於一九八四年拆卸。

TITONI
梅花嘜
OMEGA
麗都戲院

PEAK TRAM
登山電車

一九五零年代末的灣仔軒尼詩道及莊士敦道交界處

中央是有「紅磚禮拜堂」之譽的中華循道公會香港堂。該堂原是灣仔地標之一，其建築中西結合。建造材料雖以鋼筋混凝土為主，不過外形卻局部呈現中國的建築特色，特別是屋頂涼亭式的鐘樓，而建築物兩旁的小陽台則蓋以琉璃筒瓦屋簷，檐邊還配有瓦當和滴水，非常講究。像這樣的教堂，以歷史來說雖不算悠久，卻標誌著香港歷史上一段獨特的文化和宗教關係。該堂於一九九二年拆卸重建。

約一九六零年花園道的山頂纜車總站

一九二六年纜車由蒸氣鍋爐推動更改為電力推動，車站建築物亦改以鋼筋混凝土重建，成為本圖所見的現代建築物。注意旁邊站於交通指揮亭上的警察，顯示當時花園道的交通已相當繁忙。

約一九六五年的中環干諾道中

一列位於干諾道中租庇利街以西一帶的舊式樓宇，是二十世紀初中環填海後建成的中式商業樓宇。

一九五零年代後期的皇后大道中，中央可見恒生銀行的前身恒生銀號。

從一九五零年代起，因喪失與內地業務的聯繫，香港銀號業開始發生重大變化，由過去以押匯、僑匯及匯兑為主逐漸轉向為發展迅速的製造業和新興的房地產業提供貸款。一些銀號經過改組，轉變為現代化的商業銀行。一九六零年，恒生正式轉為公共有限公司，並把銀號正名為銀行。

建新冷氣工程

一九五五年灣仔駱克道的戰前樓宇

這些樓房都是灣仔填海工程完成後（一九三零年）建成，與之前灣仔舊區相比，這些樓房的居住環境相對要好，附近的街道也較寬闊。

韓戰（一九五零至五三年）及越戰（一九六五至七五年）期間，灣仔因設有軍用碼頭，大量軍人進出，當地因而成為紅燈區。除酒吧外，一些色情場所亦設於這些樓宇內，東主或負責人往往把窗戶漆上綠色以作招徠。

一九五零年代末銅鑼灣怡和街及渣甸街交界處

當時銅鑼灣仍處於新舊拼雜、貧富共存的年代，不過隨著百德新街的住宅群落成、入伙，以及大丸百貨公司的開業，銅鑼灣的面貌漸漸改變。

一九六零年代初租庇利街以西的皇后大道中

圖中所見，不少店舖都是售賣傳統中式食品乃至茶葉及中藥，商店招牌幾乎沒有一處英文，說明這一帶仍是華人區域。

一九五零年代末油蔴地佐敦道以北的一段彌敦道

圖右方的舊式樓宇建於一九二零年代，這一帶（特別是彌敦道東側）雖然離尖沙咀不遠，發展卻甚至比深水埗還緩慢，不過與後者相比，這些樓房的設計卻來得精緻。

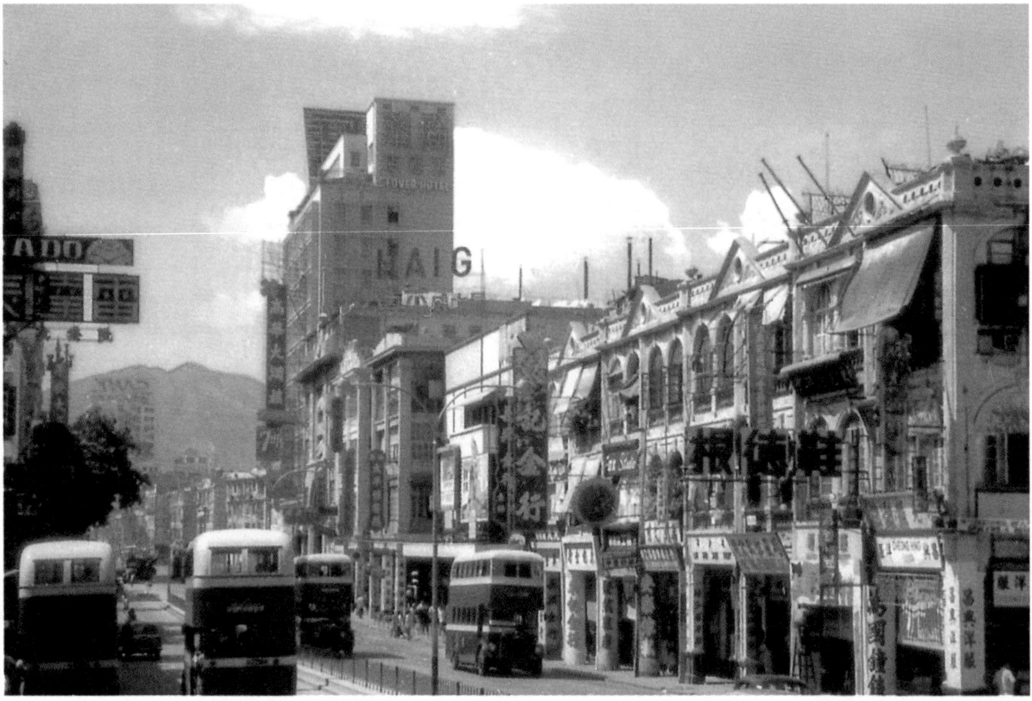

一九五零年代末的尖沙咀

圖中所見，彌敦道並不繁忙，上下行車線甚至沒有欄杆分隔，當時大部分建於二十世紀初的歐式建築仍未拆卸重建。右方的明德銀號於一九六五年初因對地產放款過度出現擠提並申請破產，事件引起市民對華資銀行信心恐慌，這亦為後來一連串的銀行擠提事件揭開序幕。一九六四年披頭四樂隊訪港，曾於後方的樂宮戲院（今美麗華酒店）舉行演唱會，成為當年的盛事。

一九五三年九龍城太子道旁的樓宇，
可見剛在港九成立的「港九電影從業人員自由工會」。

該會於一九五七年改名「港九電影戲劇事業自由總會」（簡稱「自由總會」），
原以擁護中華民國政策為宗旨，後受台灣政府委任，
負責審查港產片在台灣上映的資格，
是台灣當局及香港電影界重要的溝通橋樑。

金源辦館
Kum Yuen Store
WINE & SPIRIT
鴻利百貨公司
HUNG LEE EMPORIUM COMPANY
鴻利
金源辦館

一九五三年從高空俯瞰筲箕灣避風塘

除漁船和住家艇外，尚可見到一些多層建築物，其中一些由太古船塢興建。

太古船塢當時是香港規模最大的船塢，一度僱用了超過五千名工人。太古洋行更為太古船塢職工在船塢側的西灣河及鰂魚涌一帶興建宿舍，全以「太」字為名。此外，太古亦創辦了太古小學，供員工子女就讀。

約一九六零年的香港仔避風塘

當時香港仍有超過二十萬人居於狹小且環境惡劣的住家艇上。圖中左上方的水道原稱涌尾（英人稱為 Staunton Creek），一九六七年填平後成為黃竹坑工業區。遠方的黃竹坑尚有不少農田。

一九五零年代大坑山上的寮屋

直到一九七零年代，位於銅鑼灣旁的大坑都是港島主要寮屋區之一。著名荷里活電影《蘇絲黃的世界》（一九六一年），故事中主角原居於寮屋，電影的部分外景便取自大坑。

一九六三年石硤尾及白田的寮屋

一九五三年聖誕日的大火其實只燒燬石硤尾的部分寮屋。一九六零年代末當局為興建白田新區（邨）平整地盤，石硤尾及白田餘下的寮屋才全面清拆。

約一九六零年九龍的寮屋區

石硤尾大火後政府雖然推出徙置計劃以嘗試解決寮屋造成的危機和困局，不過僭建寮屋不單未有消失，反而以空前的速度增長。到了一九六三至一九六四年間，寮屋人口已超過六十萬，佔當時人口的六分之一。

■一九五零年代中期從邊界遠眺深圳一帶，前景可見深圳河。

一九五一年以前，內地與香港居民都可以自由進出邊界地區而不須出示任何證件，而位於本圖中後方的深圳墟更是北區居民作買賣的主要市集。一九五一年五月，港府實施「邊境封閉區域命令」，自此出入邊境的居民都要申領證件，不少家庭自此兩地分隔。

■一九五五年一列開行中的九廣鐵路列車，可注意蒸氣火車頭是從後推動列車的。

九廣鐵路早在一九五五年已引入成本效益更好的柴油機車，不過直到一九六二年才全面停用蒸氣火車頭。隨著蒸汽火車時代的結束，火車開行時發出的汽笛聲音迅即成為歷史記憶，行車時亦不再從煙囪排出一團團的黑煙。

一九五零年代中期，元朗附近魚塘旁的簡陋茅屋。

二次大戰後，新界大部分耕地及魚塘都是由內地抵港的新移民向地主批租承耕及養殖。這些新移民由於不獲原居民批准在原村落範圍劃地建屋，故往往只能於農田或魚塘旁蓋搭簡陋的茅舍或小屋棲身。

一九五零年代中期新界北部秋收後的農田

當時新界農民主要以種稻為主，其他耕作均屬次要。一九五零年代初期，全新界種植禾稻的耕地約為四萬多英畝，每年產米量超過二萬噸。二次大戰前，新界出產的油粘米大多運銷美國，戰後因為港府禁米出口，因而只能在本地銷售。

一九五零年代中期的青山灣

根據歷史文獻記載，早自唐代，屯門已是中西交通的重要港口，兩旁的高山（青山，海拔五百八十三米；九徑山，海拔五百零七米）形成一個天然避風港，商旅進出廣州往往於屯門的海灣停泊補給，再待季候風回航。千百年來屯門在中國南方的交通貿易網絡中佔有重要的地位。

一九五零年代中期在大埔棲息的漁民

香港仔、長洲及大澳等地的漁民和水上居民主要為「蜑家人」，大埔一帶則以「鶴佬」居多。兩者來自不同的民系，生活習慣、習俗、方言，以至衣著外表等均顯著不同，他們使用的船隻亦各有特色。

約一九六零年從大埔道俯瞰田心村一帶

顧名思義，田心村四周原是農田。直到一九六零年代初，整體來說沙田仍是相對寧靜的郊區，而大埔道則是通往沙田的唯一公路。基於地理環境，沙田空氣常常濕潤，晨霧迷漫，加上遠處漁艇帆影交輝，馬鞍山群峰如簇。一九六零年代以前，不少攝影者喜到沙田獵影，「沙田晨霧」更成為數代攝影者的集體回憶。

一九五零和六零年代才出現的香港新景物。大型而密集的住宅樓宇與工商業區、齊全而頻繁的海陸空交通設施，以及現代主義式的建築風格等，可以說是這些新景物的表徵。

城市新觀

和記行
NEON
敘香園
TITUS
30

一九五六年虎豹別墅內一景，遠方為興建中的維多利亞公園。

維多利亞公園所在地原為舊銅鑼灣避風塘，公園於一九五四年始建，至一九五七年建成啟用，是戰後首個大型填海工程，園內的泳池更是香港首設的公共泳池。

約一九六零年中環街市旁的一段德輔道中

左端可見舊消防局大廈（今恒生銀行總行）。直至一九六零年代為止，這一帶也是本地華人和洋人兩個社會的交匯處。

一九六零年多艘舢舨正駛近尖沙咀公眾碼頭，另一艘帆船正駛過海港。

一九六零年香港的水域共有超過二萬六千艘小型船舶和舢舨行駛，不過其中只有約四千艘為機動，大部分仍以人力或風力推動。

約一九六零年從司徒拔道下望跑馬地至銅鑼灣一帶

可見摩利臣山已被剷平，圖中前景為回教及天主教墳場。從一八四五到一八七零年間，多座不同宗教背景的墳場相繼在當時尚屬郊區的跑馬地一帶建成，包括紅毛墳場（今香港墳場）、天主教墳場、巴斯墳場、猶太墳場、回教墳場及印度教墳場，這些飽歷風霜的墳場至今尚在，且成為香港早期多元發展的重要印證和記錄。

一九六一年的中環海旁

圖中可見剛興工的大會堂高座。當時曾有人指摘香港面對大量緊急待決的問題，興建大會堂實為奢侈之舉。港督柏立基於開幕典禮時指出，建設大會堂的目的是要「發展哲學家所稱的美滿生活，香港應引以為榮。」大會堂的設施包括圖書館、博物館、美術館、展覽室、音樂廳、劇院、演講室及紀念花園，以當時幣值計算，包括地價、建築及設施費用等，整體價格超過一億元。經過超過半個世紀的演進，大會堂已成為市民心中不折不扣的文化符號。

一九六零年上環一帶的海旁

由於上環填海尚未開始，
李寶椿大廈（圖中的高樓）前已是海旁。
二次大戰以前，上環原是香港最重要的
商業中心，從租庇利街起至永樂街的
短短一段海旁已設有十多座碼頭，
成為香港最大的碼頭區。
不過從一九五一年起，
隨著進出口業的衰退及貿易模式的轉變，
上環海旁的舊式碼頭漸漸消失。

一九六零年尖沙咀海旁一帶

一九五五年，港府修訂原來住宅樓宇
僅限於五層高的規定，准許建築物的高度為
街寬的一點二五倍，而每層樓的高度
也由原來十二呎減少為九呎，
一些樓高十多層的大廈漸漸出現，
半島酒店再不是九龍最高的建築物。

約一九六零年的中環天星碼頭

一九五八年落成的第三代天星碼頭，設計簡樸實用，碼頭大鐘原由比利時王子送贈，為香港最後一個機械鐘樓。二零零六年港府拆卸碼頭以進行填海工程，其間觸發與保育人士的衝突，不過卻提高了市民保育舊建築的意識，而集體回憶自此更成為文物保育的重要考慮因素。

一九六零年代後期的尖沙咀天星碼頭

背景的海港相當寧靜，北角一帶的發展雖較銅鑼灣為遲，不過新建的高樓卻比後者為多。

一九六二年剛落成的大會堂

大會堂前的干諾道中及夏慤道的興建並非
一蹴而就。經過多年與港府談判，
英海軍以「適應現代條件」為理由，
於一九五七年底宣佈將關閉海軍船塢。
兩年後，海軍當局交出用地，
連接干諾道和告士打道、
橫跨前船塢的夏慤道因而得以開闢。
新道路於一九六一年築成，
至此從中環到灣仔的交通大為改善。

一九六四年從山頂遠眺九龍一帶

當時觀塘剛開發為衛星城市，
各項工程及建設正進行得如火如荼。
近中央處的紅磡卻早已發展為工業區，
除一般工廠和船塢外，
當地還設有大型發電廠及英泥廠，
排出的各種廢氣把附近一帶蒙上一層煙霧。

一九六五年市民於機場客運大樓的天台送別離港的親友

該年共有二十間航空公司使用啟德機場，平均每周有一百八十班定期航班抵港，每天經機場離港的旅客數目為二千五百人。

一九六零年從九龍仔公園旁的山丘眺望九龍城及新建的機場跑道

當時機場客運大樓剛開始興建，注意整個機場只有三架飛機停泊。照片前景可見位於聯合道旁的平房區「博愛村」，這是戰後由教會發起興建的第一個「平房區」，以安置部分於一九五零年一月東頭村大火中喪失家園的災民。這類有教會背景的平房區其後於港九多處地點興建，為戰後香港房屋發展扮演獨特的角色。博愛村於二零零一年清拆，原址建成公共房屋。

53

一九六零年代後期一列從尖沙咀火車站開出的列車

到了一九六零年代，
香港人口已突破三百萬，
尖沙咀火車站亦漸漸不敷應用。
不過礙於環境，車站難以擴建，
在節日及農曆年期間，
候車人龍可長達一哩。有見及此，
港府遂決定把火車總站遷至紅磡，
與紅磡海底隧道互相配合，
乘客可在火車站外轉乘巴士往來港九兩地。

約一九六五年從尖沙咀遠眺維多利亞港

維多利亞港兩岸海濱延綿七十多公里，
一直以來雖然是香港的著名標誌，然而除了
數量不多的商人、海員、傳教士和軍人外，
曾親睹維多利亞港的外籍旅客其實數量不多。
但隨著旅遊業的興起，情況漸漸改變。
從一九五七年起到一九六五年為止，
訪港旅客數目增幅超過九倍，
成為世界增幅最快的旅遊城市。
除輕工業製品外，香港漸為世人所認識。
一九六五年香港共接待了近四十五萬名遊客，
其中以來自美國的為最多。

一九六三年的西營盤海旁

前方可見位於修打蘭街盡頭的舊西江碼頭。上環與西營盤交界一帶原是米商的集散地，歷史上當地的米業曾經有過一段輝煌的日子。由於是民生所賴，米商不但獲利豐厚，更享有崇高的社會地位。

NORTH POINT
WHARVES LD

一九六四年兩艘美國驅逐艦停泊港內，背景為灣仔海旁。

韓戰（一九五零至五三年）時期，香港為聯合國軍的主要休假區之一，由於軍人大部分從分域街的小艇碼頭登岸，灣仔很快便成為軍人流連的場所。越戰（一九六五至七五年）期間，由於大量美軍湧至，除酒吧夜總會外，灣仔的其他行業，如裁縫、洗熨、紋身、飲食及電影院等，莫不興旺。

一九六四年的北角

山上雲景道一帶剛開始發展為住宅區，中央為聯益貨倉，一九八零年拆卸建成和富中心（「和富」便是從英文 wharf 一字音譯得來）。左方可見北角邨（舊稱渣華道廉租屋）。北角邨於一九五八年初落成，為屋宇建設委員會（一九七三年與徙置事務處合併為房屋司署）首項公共房屋建設，由當時的著名建築師甘洛(Eric Cumine)設計，普遍被認為是香港公營房屋的典範。屋邨特色是每戶均有獨立廚房、廁所、露台和固定間隔房間，另外邨內還設有社區禮堂、巴士總站、郵政局及碼頭，整體設施甚至比不少私人樓宇更為優越。

飛利浦
PHILIPS

一九六三年從大埔道下望長沙灣一帶

左方為剛建成不久的蘇屋邨，當時長沙灣至荔枝角的填海工程尚未完成，不少艇戶仍棲息灣內。顧名思義，長沙灣原是一個狹長的海灣，二次大戰前，除了一些規模不大的村落外，還有一些艇戶及漁船在近岸停泊。戰後港府把長沙灣及荔枝角部分地段開發為工業區，這亦是香港歷史上首個由官方主導規劃的工業區。

一九六五年的佐敦道碼頭

碼頭旁為剛落成不久，共八座的高密度住宅樓宇，如文景樓、文華樓等。這八座樓宇於一九七零年代的住客總人數超過十萬，足以媲美歐美一些中型城市。從一九五零年代後期起，在新的建築法例下，地產商及承建商為求用盡每一吋空間，建造最多的樓層面積，對居住環境置若罔聞。另一方面，地產及建築業卻因大量樓宇重建，令行業空前繁榮。

一九六零年代初的中環昭隆街以西的一段皇后大道中

當時這一帶的樓宇仍以二十世紀初建成、以鋼筋水泥為主要建材的「騎樓」（在東南亞地區一般稱為shophouse）為主。這些樓宇的陽台「騎」在行人路上，由磚柱支撐，形成行人道上的迴廊。在沒有冷氣機的年代，這些遮風雨、擋陽光的建築方式非常適合華南悶熱潮濕的氣候特點，行人得以在較舒適的環境下消費、購物和交流資訊，這些建築在一定程度上促進了商業發展。

A-MAN
HING CHEONG
TAILORS
亞民興昌
洋服
疋頭
三聯書店香港分店
CHEONG
Clarks
新

一九六零年代初的尖沙咀麼地道

圖中右方可見一座建於二十世紀初的大型住宅。從十九世紀末起，尖沙咀彌敦道（當時稱羅便臣道）以東一帶居民主要以葡裔為主，及後隨著何文田、九龍塘等地相繼開發，部分葡人及歐亞混血兒漸漸遷入，為這些地區塑造了獨特的性格。

約一九六零年的旺角彌敦道

與油蔴地相比，除了酒樓業外，一九六零年代以前旺角的商業活動並不頻繁。一些旅遊書籍對旺角往往只有一言兩語，甚至乾脆隻字不提。注意圖右前方的酒家只是樓高兩層，反映當時旺角的地價相對便宜。

約一九六五年佐治五世公園旁的佐敦道

由於鄰近佐敦道碼頭及大型巴士總站，這一帶交通非常方便，相比旺角，當時附近不少樓宇已重建成高樓大廈。

約一九六五年佐敦道的夜色

由於時值「雙十節」，左方的快樂戲院布置得美輪美奐。

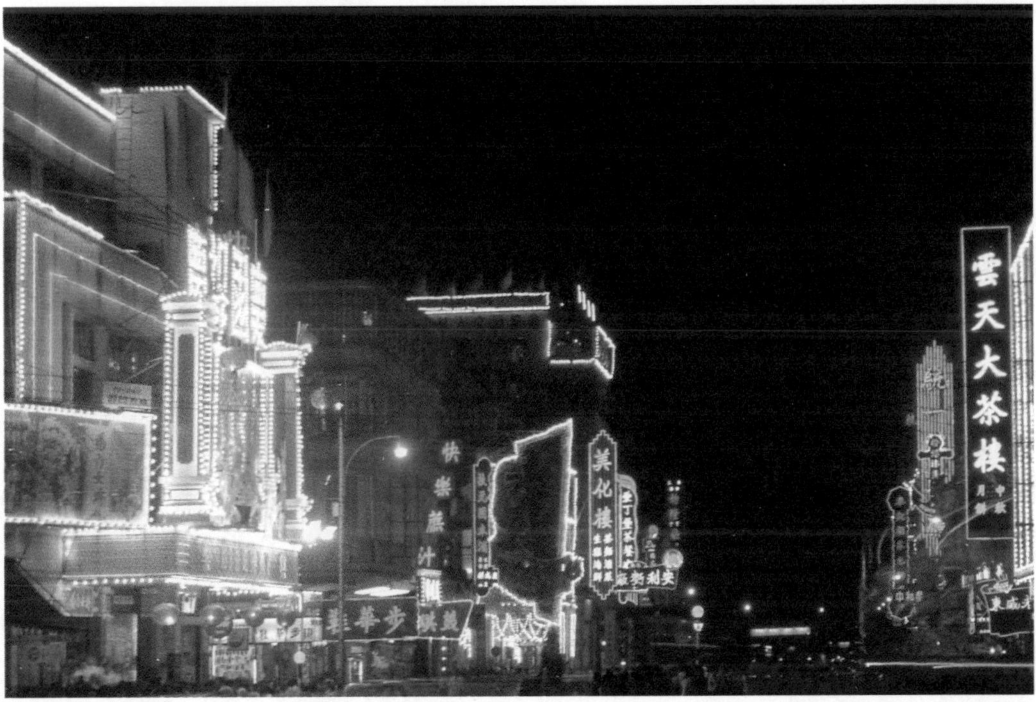

孔雀舞廳
一條財路

约一九六五年霓虹燈下的銅鑼灣軒尼詩道

一九六零年代後期的尖沙咀彌敦道

右方的空地其後建成喜來登酒店。當時這一段彌敦道已被旅遊書籍稱為「黃金哩」(Golden Mile)，並漸漸成為世界知名的遊客區。

一九六零年代初的旺角染布房街

遠方可見青天白日旗和米字旗高懸的珠海書院。珠海書院原為一九四七年於廣州創辦的「私立珠海大學」。一九四九年後因內地政權更迭而遷到香港並改名「珠海書院」。在香港高等院校發展不足的年代，該校在香港的教育史上亦曾扮演一定的角色。

一九五六年從大埔道俯瞰興建中的李鄭屋徙置區

雖然海外訪客往往讚揚港府在徙置政策上如何照顧居民，而港府對有關政策亦非常自信。不過這些政策的最大目的其實是清理佔用官地的寮屋，而不是為寮屋居民提供適切的住所。

一九五零年代末剛落成的黃大仙徙置區

一九五九年底港府完成第一百座徙置大廈，總居民人數已達三十萬，以當時香港約二百八十萬計算，徙置區的人口已超過香港總人口的十分之一。

HONG KONG WEEK
Winston

THE CHARTERED BANK
HONG KONG WEEK
TAXI STAND

一九六七年的中環愛丁堡廣場及渣打銀行總行

一九六七年夏天香港發生嚴重的動亂，造成至少五十一人喪生及數以百計的傷者。事件過後，市面漸漸回復正常，香港工業總會在同年十月底主辦一個規模龐大的「香港週」活動，為香港再建立一個正面形象，圖為中環愛丁堡廣場（上）及渣打銀行總行外（下）懸掛的「香港週」宣傳旗幟。

風俗人情也是外國人旅遊香港時的另一種熱門題材。以時代為軸的舊照片集本來不應該進行社會學式的層類分析，然而我們總希望能夠藉著這些照片，流露出一點一滴那時候在這個地方經過的人們的平常狀況與足跡。

生活點滴

Coca-Cola

一九五四年的中環干諾道中

早上，市民從中環天星碼頭步行往工作地點，後方可見位於畢打街盡頭的卜公碼頭。圖中所見，馬路上的行人相當稀疏。事實上，當時香港的「白領階層」人數不多，一九五四年政府年鑑的就業章節中，甚至沒有文職僱員的數字。當時的工作人口中，以工廠工人最多，估計略高於二十一萬五千（包括受僱於沒有登記工廠的工人），其餘工作人口從事的行業依次為：農業（約二十萬）、建築（約二十萬）、漁業（約五萬）、政府服務（約二萬九千）及公共交通（約二萬五千）。

一九五五年中環都爹利街旁的皇后大道中

圖中的建築物大戰前原是中國銀行舊址。一九四七年，港府為了促進中區的商業發展，決定把舊大會堂餘下的地段拍賣（另一段已於戰前賣給匯豐銀行興建新總行）。該地皮主要由何東及中國銀行行長鄭鐵如競投，結果後者以每呎二百五十一點四四元投得，創香港地價新紀錄。一九五零年底位於匯豐銀行旁的中國銀行大廈竣工，成為當時全港最高的銀行大廈。

一九五零年代中期的羅湖橋

自中華人民共和國成立後，
廣九直通車被迫停駛，往返港穗兩地的旅客必須在
羅湖下車，沿路軌步行通過羅湖橋過境到深圳，
再登上另一列火車繼續行程，
自此往返旅客數目大幅減少。到了一九七九年四月，
廣九直通車服務在停辦三十年後復行。

一九五五年中環的香港木球會

木球會早自一八五一年已成立，
舊址原屬美利操兵場。
早期英國人在港成立的會所，
除香港會外，大都以體育活動為主，
如木球會、馬球會、扒艇會、遊艇會及馬會等。
與華商不同，對很多沒有家室、
生活平淡且工作枯燥的外籍商人來說，
體育活動除了有益身心外，更是社交的核心。
一九七五年木球會遷往黃泥涌峽，
舊址闢作遮打花園。

HK 7026

約一九六零年的中環干諾道中

圖中兩輛人力車路經干諾道中，車上乘客都穿上長衫。這種香港女士喜歡的常服雖然最初源自滿族並流行於上海，不過在不少小說及香港的遊記中，很多作者對這款衣著往往情有獨鍾。長衫的英文名稱cheongsam（注意：以廣東話發音）因而廣為流傳，甚至成為英文的正式用語。一九六零年代後期，西方時裝界更一度流行仿長衫的服飾。

一九五零年代末在干諾道中皇后行（今文華酒店位置）前等候客人的人力車車夫

根據一九五九年的統計數字，當年香港仍有八百六十六輛人力車在港九各處行走，較的士的數目（八百五十一輛）還要多，顯示當時人力車仍是普遍的交通工具。

SINCERE'S
DES VOEUX ROAD CENTRAL
先施牙膏
林源豐表行
NOVA
HOOVER
ASAHI BEER

一九五五年灣仔皇后大道東及軒尼詩道交界處

圖中遠方黃白色建築物為位於軍器廠街旁的麗的呼聲電台。

一九四九年以後，隨著大量年輕移民和難民抵港，加上戰後的嬰兒潮，香港整體來說是一個年輕的社會。不過在活力十足的表象下，大多數居民面對的卻是低收入、工時長和生活環境惡劣的實況。

NAM KEE
BLACK CAT
BEAUTY SALONS
BOMBAY TAILORS
CLARE'S
BOMBAY
HK 7681

一九五六年的尖沙咀加拿芬道

或許拍攝時間尚早，街上看來異常寧靜。當時已十分洋化的尖沙咀，仍隱約見有農村的風貌，如有婦人擔著擔挑運載貨物，就如前往鄉間的墟鎮一樣。

FAR EAST BEAUTY PARLOUR
Yau Hing
Maker of latest style foreign boots, shoes and hand bags.
Yau Hing
Yau Hing
CH
Ming Sun
FAR EAST
BEAUTY
PARLOUR
BARBER

2013

一九五三年尖沙咀彌敦道，右端可見重慶市場一角，該地日後重建為重慶大廈。

圖中店舖招牌均附有英文，表示外籍人士（包括在港休假的軍人和駐港英軍）都是顧客對象。注意圖片中央的男士穿著唐裝，這是當時勞動階層的主要服飾。

約一九六零年位於窩打老道的四海迎賓館（今九龍維景酒店位置）

當時該酒店的住客不少為駐港英軍及軍部僱員的家眷。著名英籍作家及詩人 Martin Booth 少年時曾在該酒店暫住，其成名小說 *Hiroshima Joe* 的主角原型，便是作者於一九五零年代在該酒店暫住時遇上的一名住客。該住客戰時曾於日本長崎作戰俘並飽受創傷，最後自殺作結。

一九五五年往山頂遊覽的旅客

後方的瓦頂建築物原是一九零一年建成的轎夫亭，日佔期間一度給日軍徵用作警崗，戰後該亭改建為露天茶座及餐廳，並於一九八一年被列為香港二級歷史建築。遠方的山頂大廈（Peak Mansions）到一九九零年代初才拆卸。

一九六一年一群遊客從沙田酒店（今沙田花園位置）外望沙田一帶的景色

獅子山隧道建成以前，因大埔道是通往新界中部唯一的公路，參加九龍新界遊的旅客，往往於途中在沙田酒店稍作停留，然後繼續行程。一九六零年代這類九龍新界團一般的行程是：先遊油蔴地避風塘（部分登上小艇作「舢舨遊」），訪石硤尾徙置區，在大埔道觀賞九龍景色，於沙田酒店稍息，續往大埔墟，在落馬洲遠眺深圳河對岸的「紅色中國」，再經元朗及青山折返市區。

■ **約一九六五年的虎豹別墅**
（或稱胡文虎花園）

原建於一九三五年的虎豹別墅，
以「虎塔」及「十八層地獄」聞名，
以往不時被外地的旅遊雜誌和書籍形容為
香港的迪士尼樂園。這座盛載香港人集體回憶，
也是香港唯一一座由華僑出資興建的
園林別墅，今天只剩下主樓。

■ **約一九六零年的兵頭花園**
（一九七五年正式名為香港動植物公園）

與港人共度一個半世紀的兵頭花園，
原是香港開埠初期一項重大工程，
其座落地點地勢不單險要，
石質更是堅硬無比。
一八六四年公園竣工後，
對香港島的植林有著重要的影響。
自此港府於港島大量植林，
以及在街道兩旁廣種樹木。
此後抵港的中西商旅，
大都對香港留下良好印象，
一洗開埠初期香港草木不生的印象。

一九六零年一位旅客攝於石硤尾徙置區，當時石硤尾是旅行團必到的「景點」之一。

早年港府對徙置政策非常自豪，甚至認為徙置區為解決難民居住問題的關鍵。在一九六零及七零年代，不少訪港的外國貴賓和政要往往獲港府安排參觀徙置區，包括一九七七年初次以保守黨黨魁身份訪港的戴卓爾夫人。

由著名影星尤敏主演的港日合作電影《香港之夜》（一九六一年），主角父親是一位在香港難民營行醫的醫生，電影中出現的「難民營」，便是黃大仙徙置區。

一九五六年石硤尾徙置大廈及旁邊的「包寧平房」

石硤尾大火後，為安置災民，政府在災場附近興建兩層高的平房，並以當時工務局局長包寧命名。由於「包寧平房」供不應求且浪費土地資源，政府遂於一年後興建能容納更多居民的「工」字型（或稱「H」型）六層（後加至七層）大廈。這種簡陋的設計後來稱為一型徙置大廈，成為這類建築物的始祖。

今天，全港僅剩下一座已改建至面目全非的一型徙置大廈（石硤尾邨美荷樓），至於二型及三型，更是一座不留。

一九四九年的新界鄉民

圖中的新界鄉民把剛收成的蔬菜運往由政府設立的收集站。除產米外，新界的鄉民大都在禾造收成後種植各類蔬菜，收成後由政府統營拍賣。勤勞的鄉民更於空閒時間採摘荒地或山上的草藥和柴薪，再拿往墟市擺賣，以賺取蠅頭小利。

約一九六五年鄉郊的熟食小販及小顧客

■約一九六五年的菜販，從服飾所見，本圖大概攝於市區。

約一九六零年市區的街頭熟食檔

與世界其他發展中國家的情況不同，香港市區的小販大都並非因失業才作小販，一九六零年代香港基本沒有失業問題，職業小販能夠在政府的整治及掃蕩、前線管理人員及警員「收規」、黑社會分子頻繁的滋擾及勒索，以及劇烈的競爭環境下倖存下來，說明他們在一定程度上其實是勝利者，而非失敗者。

國
萬
品
體
YJ99
FOR

一九五五年一位女士站於尖沙咀北京道前

女士背後的體育用品廣告是木球用品，這原是英國及英聯邦國家中上層熱衷的體育運動，絕大部分本地華人甚至連球賽規例都不清楚，遑論參與。圖中公司的銷售對象很可能是居港的外籍人士或駐港英軍，注意商店前停泊了一輛軍方的吉普車。一九五零年代初駐港的英軍人數一度高達三萬（一九五一年香港的總人口約為二百萬），加上軍眷，數目龐大的外來人口為香港社會帶來不同層面的影響。

一九五六年一群在街上流連的小童

二次大戰後，香港整體的家庭結構漸漸出現新發展，與過往在港短暫工作再回鄉結婚生子不同，戰後（特別是一九四九年以後）抵港的新移民不少在港建立家庭，與過往相比，在港出生的嬰兒數目因而大幅增加。由於不少父母均需外出工作，兒童乏人照顧而流連街上成為常見的現象，年紀稍長的小童更往往負起照顧弟妹的責任。

一九五六年於尖沙咀一酒店門前幹活的擦鞋童

一九五零年代港府雖然開始推行普及小學教育並大量興建小學校舍，不過由於入學並非免費，對清貧的家庭來說，無法繳交學費、孩子被迫退學仍時有發生。以簡單的工具即可謀生的擦鞋童因而隨處可見，特別是一些商業區及遊客出沒的地點如酒店、餐廳等。香港的免費普及小學教育要到一九七一年才實現。

一九五五年站於汽車旁的兩名女孩

正如當時不少貧困小童一樣，她們可能希望藉著開啟車門以賺取一點小錢幫補家計。

一九六零年代後期一群學生攝於黃大仙徙置區的天台學校

從一九五零年代起，政府雖然致力興建小學校舍，但新增學位仍難以容納眾多的適齡學童，政府在推行上、下午學校制度之餘，又在徙置大廈的天台批准設立小學。這些學校的設施雖然簡陋，卻為不少低下階層的子女提供重要的基礎教育。

一九五零年代末一隊路經上海街（近長沙街交界）的出殯行列，以儀仗樂隊開路。

當時經濟條件較好的家庭，往往於家中舉行各種殯葬儀式，包括入殮封棺乃至出殯。從一九六零年代起，隨著社會環境的轉變及有關法例的修訂，這類儀式漸漸改於殯儀館內舉行。

一九五零年代末
工人在大街上運送棺柩。

直到一九五零年代初，市區仍有多座墳場，如老虎岩（今樂富）、何文田等，都是主要的墳場區，在街上運送棺柩是當時市區常見的情景。

約一九六零年鄉民經過稻田旁的阡陌把豬隻運往市場出售

基於成本考慮，加上內地大量輸入，以往新界的畜牧業並不發達。即使豬隻，農戶一般只會畜養三數頭為限，其他如牛羊的畜牧更屬罕見。

約一九六零年一名工人擔挑「過大禮」（舊稱「納徵」）用的禮盒

「過大禮」是指男家擇定良辰吉日後，在婚前攜禮金和禮品到女家提親的一個儀式，不論在港九新界各處，這原是常見的景象，也是較受重視的傳統禮節。

渡海小輪上，攝於一九六零年。

約一九六零年的旺角西洋菜街

圖中悉心打扮的女士反映了當時中上層婦女的品味，從髮飾及衣著來看，右端的女士很可能曾長期在海外生活又或是華僑。

MING CHEONG
IVORY FACTORY
QUEEN'S RD C.

一九五九年剛舉行彌撒後的尖沙咀玫瑰堂

玫瑰堂的歷史可追溯至一九零零年，當時中國發生義和團事件，英軍從印度增派軍隊至香港並在尖沙咀駐紮，當中包括約一百名來自愛爾蘭的天主教徒。意大利米蘭外方傳教會於是在嘉諾撒修會舉行彌撒，翌年再在該地興建小教堂。當時正值尖沙咀擴展，葡人定居日多，一些葡籍教友遂倡建天主教堂。有關建議很快得到嘉諾撒修會支持及讓地。一九零四年底，新教堂舉行奠基儀式，半年後落成。玫瑰堂自此成為九龍半島主要的天主教堂。直到今天，該堂的教友不少仍為外籍居民。

約一九六五年從皇后大道中上望砵甸乍街

相對其他街道，砵甸乍街在半世紀以來的變化較小，今天大家仍可在街上找到圖中相類的店舖和它們的影子。

廣昌號
來觀定裏中革車匪
西底用戰用西底西戰福履西戰鞋

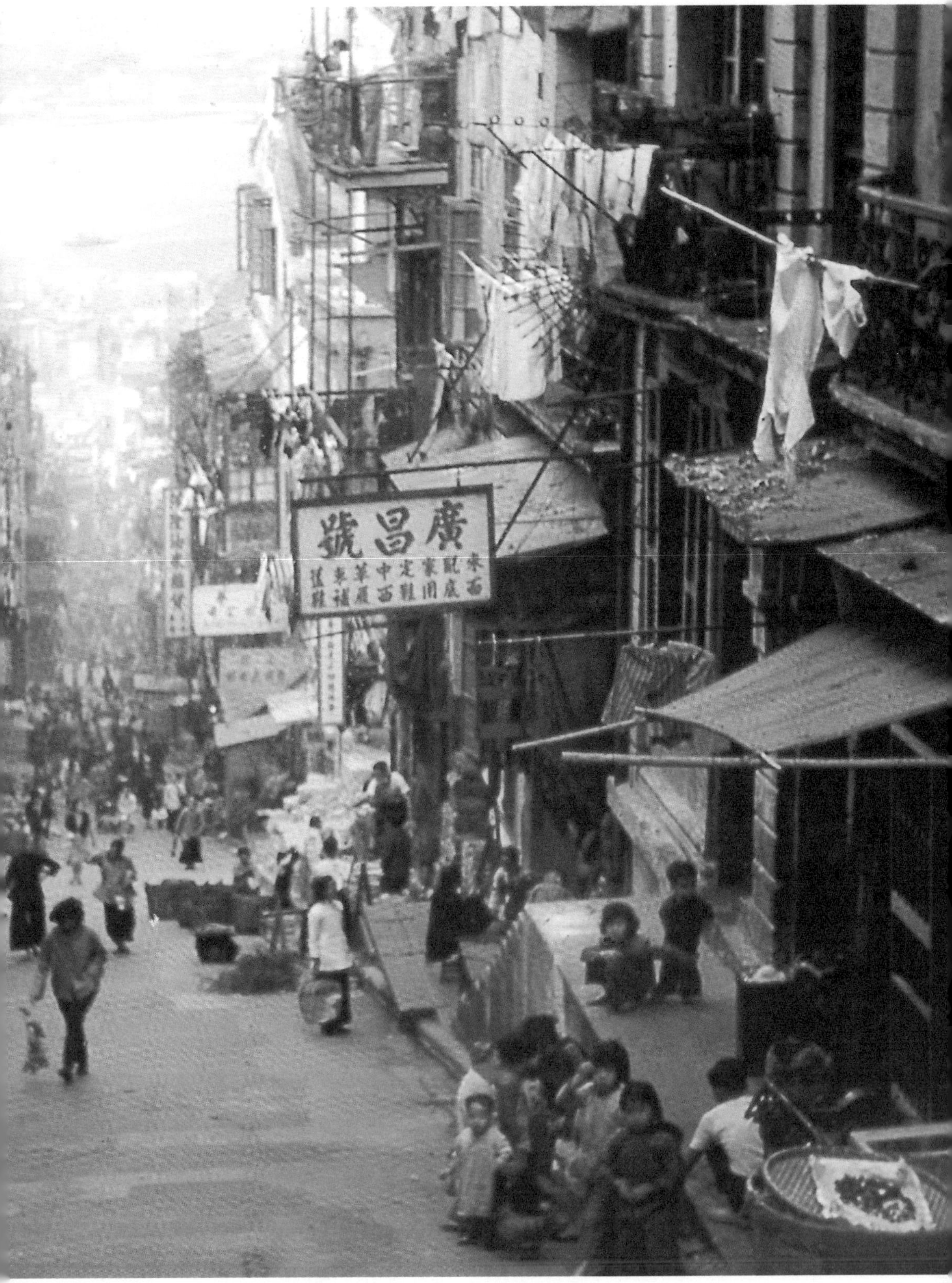

約一九五五年繁忙的卑利街

於香港開埠初期開闢的卑利街及鄰近街道，規劃之時根本沒有輪式交通工具，貨物都是由工人以擔挑搬運，故這些道路大都狹窄陡峭，不過卻吸引了大量小販聚集，街上亦因而整天生氣盎然。這些活動造就了港島中上環一帶的性格和特色，亦使外國旅客倍覺香港引人入勝。

一九五零年代末恬靜的西環太白台

從一九一零年代起，富商李陞的兒子李寶龍陸續於西環建了多個台階住宅，包括太白台、義王台、青蓮台、桃李台、學士台、紫蘭台和李寶龍台，除以自己姓名命名的李寶龍台外，這些名字都是與李氏鍾情的中國唐代詩人李白及其詩詞得來。太白台建成住宅以前，曾是華人的消遣場所，時人曾形容「亭台樓閣，奇花異卉，參差上下，如入畫中」。

一九六四年的灣仔堅拿道

當時上址還是一條明渠，兩旁仍是建於
二十世紀初的樓宇。二次大戰前，
這原是「香港八景」之一的「鵝澗榕蔭」；
不過戰後隨著人口增加，加上當時對污水的
排放缺乏管制，昔日的鵝澗遂變成「臭渠」。

約一九六五年上環機利文街以東的一段德輔道中

路旁建築物仍是二十世紀初中環填海完成後建成的樓宇。

一九六零年代末的佐敦道

圖中可見早期的公共小巴。
一九六七年動亂期間，大部分巴士停駛，一些九座位的「白牌」小巴藉機在市區載客。兩年後，這類小巴獲政府批准合法經營，成為公共小巴，輔助公共交通，而座位亦由九個增至十四個，成為「十四座」小巴。

約一九六五年代的油蔴地新填地街

圖中的舊式樓宇除地下商店外，
每層住戶的數目往往可高達十個家庭。
過度擠迫的居住環境帶來的問題包括衛生、
健康、垃圾、供水、火險，
還有兒童的學習和教育。
這些建於二十世紀初的樓房，
大都沒有沖廁設備，到了炎夏，
衛生環境不難想像。

約一九六零年近洗衣街交界的一段太子道

當時的旺角主要仍是住宅區，今天非常熱鬧興旺的花墟，當時尚未形成。

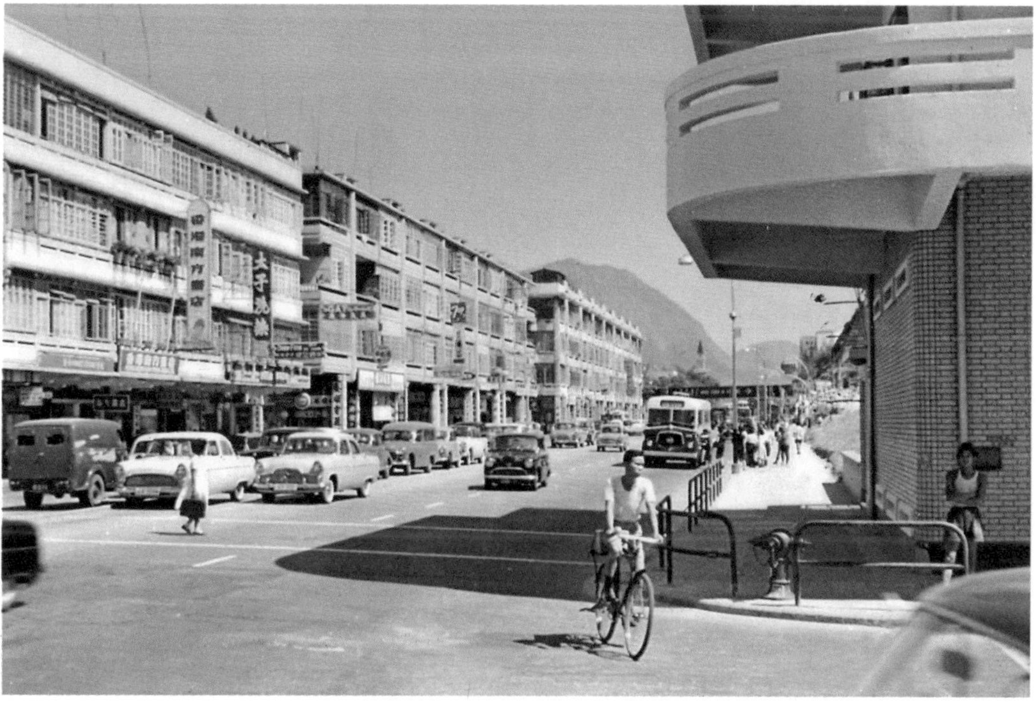

一九六四年太子道及彌敦道交界處

圖中的建築物建於一九三零年代初，當時市區正慢慢由油蔴地伸延至今天旺角及太子一帶。建築物採用了當時西方流行的 Art Deco 為主體設計，特色是對稱簡潔、卻有著強烈線條感，因此絕非一般所稱的「唐樓」，而是不折不扣的「洋樓」。

近年一幢設計相近，位於附近的樓宇（太子道西一七九號），已被評為三級歷史建築。

一九六零年代初的深水埗北河街

深水埗位處界限街以北，原屬「新界」，自二十世紀初開始大規模開發，工程包括移山填海，到了一九二零年代，已成為當時香港的「新市鎮」。除一般住宅外，尚有不少小型工廠設立，二次大戰前更是香港的其中一個輕工業中心。由於大量住宅樓宇建於其中，一九八零年以前，深水埗曾是九龍人口密度最高的地區，北河街更是深水埗的中心地帶。

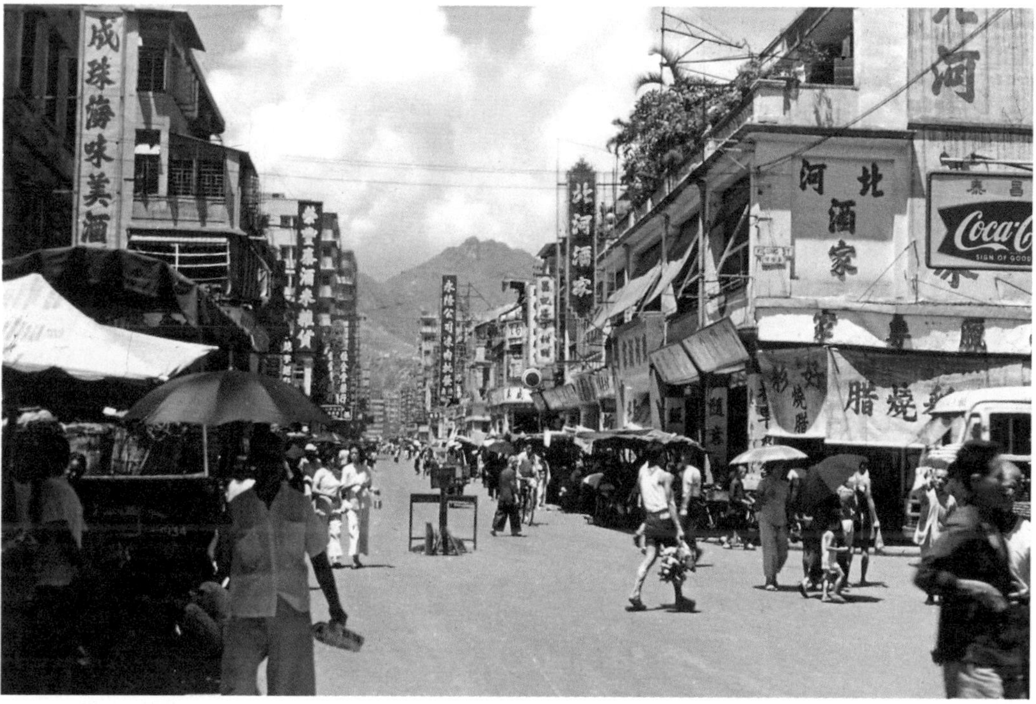

一九六零年代初的荃灣眾安街

當時的荃灣與新界其他市鎮比較，市面已相當興旺。一九五九年，政府提出發展藍圖，計劃發展荃灣為「衛星城市」，以容納一百二十萬人。而新市鎮將以「自給自足」及「均衡發展」為原則，並進一步在當地發展工業及建設商業中心以配合增加的人口。

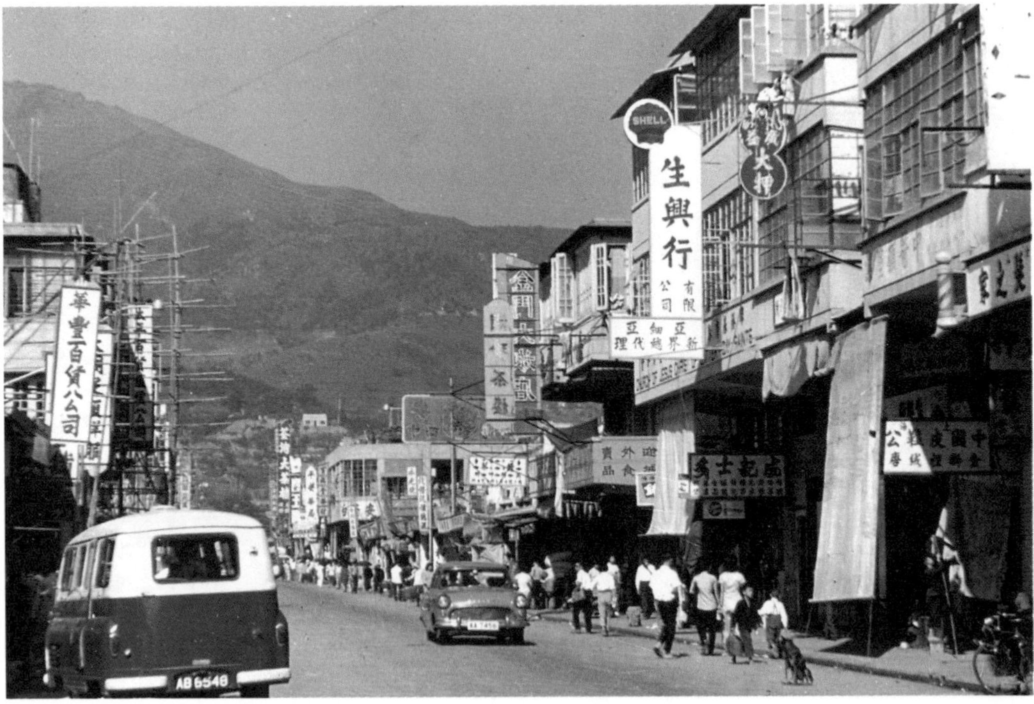

一九五零年代末的黃大仙

圖中新落成的徙置大廈旁仍是農田，到了一九六零年代，政府收回農田並一度在當地設置臨時安置區，摩士公園其後建於上址。

金華分蹟
赤松黃仙祠
松風雨岸水三叉
香火萬家心一瓣

LAI CHI KOK
AMUSEMENT PARK
LAI CHI KOK

約一九六零年的黃大仙祠

早於一九一五年，已有道長及道侶把黃大仙師畫像自南海西樵山帶來香港，並先後於上環及灣仔設壇供奉。一九二一年，黃大仙師降乩啟示道侶至九龍城一帶相地建殿。道侶到竹園村附近一山，見靈秀獨鍾，便再扶乩請示仙師，得乩示「此乃鳳翼吉地」，道侶遂決定建祠，嗇色園亦隨即成立，負責管理祠廟。黃大仙祠建成之初，原為私人道場，只供道侶及家屬入內參拜，不過善信仍可內進。一九三四年，園方礙於當時的廟宇條例及租地批約所限，不能再讓市民入內，後經當時華人廟宇委員會向華民政務司請准，才特許每年正月初一開放讓善信進入。至一九五六年，黃大仙祠正式獲政府批准全面開放予市民參拜。

一九六零年代初的荔園

一九四九年開業的荔園，曾是香港規模最大型的遊樂場，除各類劇場、機動遊戲、攤位遊戲和水上遊戲外，更設有香港第一間的私營動物園。一九六五年，位於黃大仙的啟德遊樂場開放，荔園的生意受到一定的衝擊，及至海洋公園一九七七年落成，荔園入場人數不斷下跌。一九九七年三月底，這個在生活困乏的年代為不少港人帶來歡樂的遊樂場，終於結業。

滑大腸
何

一九六四年街頭一景

直到一九七零年代，這類大型宣傳廣告不論在街上、天橋墩、水渠旁、坡地等公共地方均隨處可見，一方面反映政府對這類公眾地方沒有強烈的管理意識，另一方面卻顯示身心存「進取精神」者大有人在。

經驗最多
救急扶危
十餘萬宗
活人醫案
上大人藥材
上大人藥行
富如大茶

美艷親王
鳳凰女小組榮納
聲色藝全
CHINESE OPERA
大龍鳳劇團
CHINESE OPERA

一九六四年近石龍街的一段上海街

圖中外牆漆上大型廣告的「唐樓」大概建於二十世紀初，當時油蔴地已是九龍最重要的商業區。除一般發展外，附近一帶還建有廟宇群、警署、公立學校、醫局甚至其他地區沒有的「公共空間」（榕樹頭）等，這足以說明油蔴地的地位。其後陸續建成的還有醫院、電影院、郵政總局、教堂、青年會，乃至裁判署等。

一九六零年代初，北角皇都戲院前宣傳粵劇公演的花牌。

一九五零及六零年代，香港粵劇發展迅速，名伶輩出。粵劇除在戲院及戲棚演出外，更以戲曲電影吸引觀眾。惟到了一九六零年代末，粵劇卻經歷了一段低潮，及至一九七零年代後期，粵劇重新吸引新一代的觀眾，再次進入黃金年代。二零零九年，粵劇獲聯合國教科文組織肯定，被列入「人類非物質文化遺產代表作名錄」。

一九六零年代後期的佐敦道碼頭巴士總站

該站是全港最大的巴士總站，除市區路線外，多條長途巴士路線均由該站開出，可說是九龍的交通樞紐。

一九六零年代初的中環汽車渡輪碼頭

一九三三年啟用的汽車渡輪碼頭，
原為統一碼頭的一部分，也是香港第一座
提供定期汽車渡海服務的碼頭。
一九七二年海底隧道通車前，
這一帶經常熙來攘往，
等候渡海的車龍更往往排至西營盤。

約一九六五年的荔枝角游泳場

該泳場的歷史可追溯至二十世紀初，基於健康及增加康樂活動場所的考慮，立法局議員和政府積極開闢海浴場。荔枝角游泳場於一九二九年正式開幕，除更衣室、灑浴室及貯物室外，還設有釣魚台、茶水部和音樂亭。由於荔枝角相對交通方便，而且毗鄰人口稠密的深水埗，因此一直深受泳客歡迎。一九六七年動亂後，政府逐漸視康樂政策為穩定社會的一種工具，因而積極興建原被視為奢侈的游泳池取代舊式游泳場。荔枝角游泳場的原址最後於一九七零年代後期填平，成為荔枝角公園的一部分。

一九六四年的筲箕灣阿公岩，背景可見多座石礦場。

早自香港開埠之初，已有客籍打石工人於阿公岩一帶開山採石供維多利亞城建設之用。興建沙田山廈圍（曾大屋）的曾貫萬便曾於阿公岩創辦石廠。今天石礦場已停採多時，不過痕跡仍在。

一九六三年的香港仔避風塘

水上居民的生活往往令訪港的外籍旅客嘖嘖稱奇，對他們來說，在狹小的舢舨度過一生簡直不可思議。數十年來，除太平山外，香港仔大概是香港最有名的遊客「景點」。

一九六零年站於沙田海旁的小姊弟

經過一九七零年代的「新市鎮」發展，圖中的沙田海大部分已被填，留下來的水道則成為城門河下游。

一九六三年的油蔴地避風塘

油蔴地避風塘沒有海鮮舫，也沒有由鴨脷洲形成的自然景觀，故對旅客的吸引力遠不如香港仔。不過一九六零年代仍不時有旅客在避風塘作「艇仔遊」。到了一九七零年代，油蔴地避風塘卻因「艇戶事件」而成為新聞主角。

一九六零年代初大埔的棚戶及艇戶，後方可見大量在近岸停泊的漁船。

由於得天獨厚的地理條件，大埔曾被形容為新界的「漁庫」。區內大部分地區一年四季都盛產各種魚類，數以千計的漁民因而在當地棲息、聚居。自一九七零年代起，隨著吐露港的污染問題急劇惡化，當地的漁業漸漸式微。

約一九六零年的沙田墟

於一九五零年代才建立的沙田墟（今新城市廣場一帶），實際只有不到三十年的歷史，其建立和經營與傳統的墟市不同。事實上今天沙田火車站附近早年並沒有大型村落，一般古籍甚至沒有「沙田」的地名，九廣鐵路決定於沙田興建車站，原是為不願在大圍及火炭兩地各建車站而作出的妥協，結果位於上述兩地中間的沙田成為車站的選址，及後沙田更成為地區名稱。

約一九六零年的元朗大馬路

這一帶以往稱為元朗墟，是英人接管新界，開闢公路後才建立的市集。在一九五零及六零年代，元朗墟的商業相當興旺，當時由錦田到屯門都屬元朗區的範圍，附近鄉村的日用品，大部分都是靠元朗墟供應，商戶數目因而較上水和大埔為多。

大埔街市
TAI PO GOVERNMENT MARKET
FOR LITTER

一九六零年的大埔墟

現在所稱的大埔墟原是新墟，初名太和市，於清末才開墟。原位於今天汀角路口的舊墟，早於明代萬曆年間已存在，不過自新墟開業後，舊墟的商戶漸漸遷入，商業發展很快便上軌道。一九零九年九廣鐵路興建的大埔墟站亦設於新墟旁，舊墟自此更形衰落，地位終被新墟所取代。

責任編輯　任秀雯
書籍設計　李嘉敏

書　　名　彩色香港 1940s - 1960s
作　　者　高添強　黎健強
出　　版　三聯書店（香港）有限公司
香港北角英皇道四九九號北角工業大廈二十樓
Joint Publishing (H.K.) Co., Ltd.
20/F., North Point Industrial Building,
499 King's Road, North Point, Hong Kong
香港發行　香港聯合書刊物流有限公司
香港新界荃灣德士古道二二零至二四八號十六樓
版　　次　二零一三年十二月香港第一版第一次印刷
二零二三年一月香港第一版第九次印刷
規　　格　十六開（167mm × 230mm）一九二面
國際書號　ISBN　978-962-04-3378-8